岳庭胜 著

论语老庄拾零

全国百佳图书出版单位
时代出版传媒股份有限公司
黄山书社

图书在版编目(CIP)数据

论语老庄拾零 / 岳庭胜著.—合肥 : 黄山书社,2020.8
ISBN 978-7-5461-9241-3

Ⅰ.①论… Ⅱ.①岳… Ⅲ.①儒家 ②《论语》-研究 ③道家 ④《道德经》-研究 ⑤《庄子》-研究 Ⅳ.①B222.25 ②B223.05

中国版本图书馆 CIP 数据核字(2020)第 164499 号

论语老庄拾零
LUNYU LAO ZHUANG SHILING
岳庭胜 著

出 品 人 贾兴权
责任编辑 周振华
责任印制 李晓明 李 磊
装帧设计 韩玉英
出版发行 时代出版传媒股份有限公司(http://www.press-mart.com)
黄山书社(http://www.hspress.cn)
地址邮编 安徽省合肥市蜀山区翡翠路 1118 号出版传媒广场 7 层 230071
印 刷 合肥锐达印务有限责任公司
版 次 2020 年 10 月第 1 版
印 次 2021 年 3 月第 2 次印刷
开 本 880mm×1230mm 1/32
字 数 80 千字
印 张 3
书 号 ISBN 978-7-5461-9241-3
定 价 28.00 元

服务热线 0551-63533706
销售热线 0551-63533761
官方直营书店(https://hsss.tmall.com)

自序

《离骚》题目，屈原自注了。古今解者胡乱解，盖读书不认真也。《庄子》："五十犗以为饵。"古今注者皆解犗字，无注也。无注何？未明道故耳。孔子曰："人能弘道，非道弘人。"夫弘道之人，是明道成德之人。德大，道大，德小，道小，无德是弘俗，非弘道也。孔子曰："吾有知乎哉！无知也。"又曰："无可无不可。"无可，无是也。无不可，无非也。无是无非，无知也。《老子》云："湛兮似或存。"湛，无也。无我则心存道也。似或，无形而生天地万物之辞。无我，无可无不可，无知也。孔老一也，一者，道也。《老子》："有物混成，先天地生，吾不知其名，字之曰道，强为之名曰大。"夫道无形，是有物之无。又曰："反者道之动，弱者道之用。天下万物生于有，有生于无。"春夏秋冬，反者道之动也。夫道不可见，以四时行焉见之。《老子》："功成而弗居。"夫道生天地万物，人是万物之一，功成也。弗居者，不言也。不言者，无功名也。天何言哉？四时行焉，百物生焉，天何言哉？是为政以德自注也。以禹王衣食住行与民同，沟洫流汗水，注为政以德也。无我，则可为政也。为政行道也。孔子叹道不行，是不能为政也。孔子曰："贤哉，回也！一箪食，一瓢饮，在陋巷。人不堪其忧，回也不改其乐。贤哉，回也！"贤哉重言。贤哉重言，无欲也。无欲，无功名也。颜回死，孔子哭之恸，恸道无传人也。孔老时代，不行孔老之道，道无传人。两千余载出三人焉：汉董仲舒、唐韩愈、宋朱熹。《四书集注》是绍董、韩之德，宋至今是绍朱熹之德。两千余载世行三人有功名有为之治，孔子一以贯之，无功名无为之治，有其名无其实也。

夫功名生穷富贵贱，穷富贵贱生媚上作假，媚上作假，生以权谋私。以权谋私，上行下效，天下乱矣。

历代所谓治者，以乱治乱也。此有为之治也。在上者享功名富贵，治下不享功名富贵，则不行也。故孔子曰："其身正，不令而行，其身不正，虽令不从。"有令不行，天下焉有治哉！无为之治，无功名。天下百姓不供养功名者，想劳累无劳累也，想贫贱无贫贱也。人类弱肉强食，此所以立国也。立国之首，扶弱遏强也。有为之治倒退立国前也。为政者享功名富贵，天下弱肉强食也。天下弱肉强食，不劳而获，是不文明也，是倒退也。禹王自食其力，天下皆自食其力，天下文明也。朝文明大道前进，老孔之道是也。董、韩、朱攘斥佛老，是攘斥孔子，是攘斥四时行焉之德。此三人之德，是为善不为恶之德，非四时行焉之德。《老子》："天下皆知善之为善，斯不善已。"已同矣。不善之善，是三人为善不为恶之德也。《老子》："上德不德，是以有德。下德不失德，是以无德。"上德者，不言也，四时行焉之德也，为政以德之德也。有德也，禹王是也，故孔子无间然。下德者，善之为善之德也，是不失德，无德也。董、韩、朱无德，世称三大儒，是道弘人也，非人弘道也。是以孔子之道名存实亡矣。《论语》孔子言道之言皆与老子言殊道同，三大儒未读懂为政以德，则攘斥佛老。攘斥佛老，则攘斥四时行焉之德。攘斥四时之德，则攘斥为政以德。攘斥为政以德，则攘斥孔子。

无间然，为政以德，五十犗，兰亭序，《离骚》题目，夫五者，岳子研读有得也，故有《拾零》焉。

目录

论语拾零

一

韩愈《原道》："博爱之谓仁，行而宜之之谓义，由是而之焉之谓道，足乎己无待于外之谓德。凡吾所谓道德云者，合仁与义言之也，天下之公言也。老子之所谓道德云者，去仁与义言之也，一人之私言也。"

《论语·述而》："子曰：'仁远乎哉？我欲仁，斯仁至矣。'"谓道在心中。《老子》第五十一章："道生之，德畜之。"句谓心存道曰德。《论语·雍也》："子曰：'仁者静。'"谓仁者纯乎道，故静耳。道生万物，万物存道。道不生不灭，夫人学以成德，则无生无死，与道合一。故孔子曰："仁者寿。"（《论语·雍也》）

《老子》第五十一章："生而不有，为而不恃，长而不宰，是谓玄德。"夫道生养万物不为己有，不恃己功，不主宰万物。泽被万物而不言，万物沐泽而不知，故曰玄德。夫人学以成德，德在儒曰仁，在道曰道，德仁道三者一也。一者，心中本有，学者悟而得之也。

《论语·颜渊》："子张问政。子曰：'居之无倦，行之以忠。'"《论语·阳货》："子曰：'天何言哉？四时行焉，百物生焉。'"居行八字，四时行焉，百物生焉是也。为政则天（道），则天下治矣。居行八字是也。《老子》第三章："圣人之治，虚其心，实其腹，弱其志，强其骨。"无贪欲，虚其心也。心存道，实其腹也。无名利之争，弱其志也。不受物役，强其骨也。《论语·为政》："子曰：'为政以德。'"为政以德（玄德）者，虚实弱强也。道儒言异道同，盖天下无二道耳。

《老子》第二十七章："善人者，不善人之师；不善人者，善人之资。"韩不知心是佛，攘斥佛老，攘斥己耳。佛性者，仁也，道也。攘斥佛老，则不知仁。不知仁，则不知孔子；不知孔子，则不懂《论语》；不懂《论语》，则不知先王之道；不知先王之道，则不知道之玄德；不知道之玄德，则不知无欲治天下。（无欲治天下，乃尧舜禹汤文武周孔心心相印者也。）不知无欲治天下，则未成己（成德）；未成己，则不能成人。成德谓君子，韩愈非君子。

《老子》第四十一章：“上士闻道，勤而行之；中士闻道，若存若亡；下士闻道，大笑之。不笑，不足以为道。”韩愈是下士。韩不知仁，赝卫道者。一生嫌官小，牢骚发一生。自谓仁德道，卫道赝非真。韩未成德，不知万物之根。韩是写手，俗文大家可称。

孔子生而知之，是圣人也。夫人读懂《论语》，则知道儒一也。韩愈身居唐宋八大家之首，未读懂《论语》，自诩卫道者（《进学解》），其祸国殃民深重矣。

二

迷，道在心中之象。米字中竖，大道也。米字上下左右，小径也。然观米字，弗见大道，何也？道不可见。《老子》第七十三章：“天网恢恢，疏而不漏。”道有神灵，神灵在心。是以迷走大道者不敢欺心妄作。请吃不到，送钱不要。骂亦不理，夸亦不笑。唯道是从，不受物役。《老子》第五十六章：“不可得而亲，不可得而疏；不可得而利，不可得而害；不可得而贵，不可得而贱。”是也。

纵观历史，为人君者，用迷大道之人，则天下治矣。用迷小径之人，则天下乱矣。迷走大道，不欲则刚。惩恶扬善，国家荣昌。为人君者迷大道，一碗端平国之福。

活，三点水。《老子》第八章：“上善若水，水善利万物而不争，处众人之所恶，故几于道。”夫水处下，下者，众人之所恶也。几者，近也。万物有道则生，有水则活。道不可见，水可见，故曰几也。舌字，千口，寓百姓也。上善若水，泽被天下。活字，帝王有道之象。

《老子》第四十六章：“天下有道，却走马以粪；天下无道，戎马生于郊。”马在农田干活，百姓能活。

马驹生于战场，百姓难活。

同，天下太平之象。《老子》第七章："以其无私，故能成其私。"门，开门无锁之象。一口，吃饱不拿之象。人无贪心，天下无兵。自食其力，无仇有亲。无私成其私，有私则相争。

今，命运之象。今天好坏，一生可知。人之一生，就是今天。今天我出生，八字是命好。今天我损人，一生吵到老。今天我出生，八字命不好。今天我利人，一生麻烦少。祸福是今天，有利退一步。今天不损人，一生福神助。

悳（德），圣人之象。直者，无私也。心无私，则有德也。《老子》第五十一章："生而不有，为而不恃，长而不宰，是谓玄德。"夫道生养万物，不为已有，不恃己功，不主宰万物。有德而不言，万物沐泽而不知，是谓玄德。学以成德之圣人，为政无私，躬行示教。民受德化，天下皆有德也。大道生万物，万物皆有德。不言以身教，是以天下则。不言者，不享功名也。不享功名，则有德也。

仁，二人，寓人我无分别也。人我无分别者，涅槃之象。《论语·里仁》：“子曰：‘苟志于仁矣，无恶也。’”句谓纯道无六根，何恶之有？《庄子·天地》：“爱人利物之谓仁。”仁者无分别，纯道无六根。若水利万物，修身德乃真。

厶（私），古私字，抱物之象。什么都抱在自己怀里，越抱越多，弯腰曲腿，还舍不得放手。厶字抱物象。人身成秤钩。双腿走不动，还往怀里收。私重无人形，心狠似虎狼。此人不受教，认钱不认娘。

生，牛在土上，牛耕地之象。寓自食其力。生字牛耕地，自食其力生。不劳而获者，是拿毒药吞。

舒，无我之象。无我无烦恼，舒服活到老。一生利众人，百年日子好。

祸，言行不一之象。你看，一人口言礼，自己在门中间站着。立不中门，礼也。言行不一祸，一生常犯过。此人口能言，不知自己错。

福，礼者，守分之象也。一口者，知足之象也。田者，勤劳之象也。福字，三德之象。守分无贪心，吃饱便知足。一生靠双手，人有三德福。

心，心者，无象之心也。无象之心，在儒曰仁，在道曰道。道有神灵，神灵在心。明道者，不敢欺心妄作何？知天网不漏也。明道者，不争名夺利何？知心外无六根也。《老子》第二十六章：“君子终日行不离辎重。”辎重者，无象之心也。军队离开辎重，则被敌人消灭。人离开无象之心，则受物役。欲知无象心，笃学佛儒道。守一无六根，成德信三教。成德谓君子，辎重随身行。心入涅槃境，死生如化云。道儒只说一个字：心。

三

《论语·尧曰》：“子曰：‘不知命，无以为君子也。’”《雍也》：子曰：“一箪食，一瓢饮，在陋巷。人不堪其忧，回也不改其乐。”颜回是学以成德之君子，故知命也。无世俗之忧，有涅槃之乐。颜子死，孔子哭之恸。曰：“天丧予！天丧予！”恸道无传人，非世俗之恸也。雍也篇，子游为武城宰。子曰："女得人焉尔乎？"曰："有澹台灭明者，行不由径。非公事，未尝至于偃之室也。"子游，姓言，名偃，字子游。澹台，姓也。灭明，名也。字子羽。子羽不行贿，故曰不走小径。不行贿何？知命也。子游赞其贤才。

《论语·子罕》："子畏于匡。曰：'文王既没，文不在兹乎？天之将丧斯文也，后死者不得与于斯文也。天之未丧斯文也，匡人其如予何！'"孔子自谓后死者，既得斯文，则吾为木铎，匡人其奈我何！《论语·述而》："子曰：'天生德于予，桓魋其如予何！'"天生我德必有用，桓魋其奈我何！《论语·述而》："子曰：'君子坦荡荡，小人长戚戚。'"匡人、桓魋欲害孔子。孔子知命，身临险境，坦荡无忧。苟小人，则魂不附体也。

《论语·述而》：子曰："富而可求也，虽执鞭之士，吾亦为之。如不可求，从吾所好。"又曰："饭疏食，饮水，曲肱而枕之，乐亦在其中矣！不义而富且贵，于我如浮云。"富贵，命也。求而得之，如云聚散，须臾则无。今夫贪官，儿童游艺机也。不投币则不动，转眼人财两空，不亦悲乎！余作《知命赋》，以自鉴焉，以醒世焉：

八十运来，子牙辅弼文王；马氏无福，与之分手无悔。命虽如此，行善必有善报；好命作恶，时到自食恶果。君子知命，不怕恶人行凶；行不由径，原是知命君子。知命无私，孔颜安贫乐道。中华传统文化，造就公心。今夫贪官，不知命妄作凶。昔日台上演讲，威风凛凛；今日坐牢受审，声哀形缩。昔日游机，投币歌声悦耳；今日奴才，主指东不敢西。君子知命，曲肱枕之亦乐；小人不知，山珍海味亦苦。损人利己，小人一生如此；损己利人，君子一生乐为。君子死而不亡，名垂千古；小人生死禽兽，唯知吃睡。人生苦难，皆是小人所为；天下安乐，所赖君子善行。

四

《老子》第五十一章：“道生之，德畜之。”《论语·雍也》：“子曰：‘仁者静。’”《老子》第十章：“载营魄抱一，能无离乎?”《论语·子罕》：“子曰：‘我有知乎哉? 无知也。’”《老子》第四章：“道冲而用之。”冲同盅，中虚也。中虚，无智亦无得。《老子》第五十六章：“不可得而亲，不可得而疏；不可得而利，不可得而害；不可得而贵，不可得而贱。”

《老子》第十二章：“五色令人目盲，五音令人耳聋，五味令人口爽。”人性受物役，则不能抱一不离。故盲聋爽。饥餐渴饮，男婚女嫁，乃六根之需。需外贪享，乃六根之欲。《老子》第三章：“不见可欲。”不现可欲（色音味），则人性不受物役。人性不受物役，则贪心无以生。贪心无以生，则人性善。现可欲（色音味），则人性受物役。人性受物役，则贪心生。贪心生，则人性恶。六根之欲非天生，人性善恶是习成。

我早晨之年，不知电影，则无电影欲；上午之年，不知车子房子，则无车房欲；中午之年，不知几百亿翁，则无亿翁欲；夕阳之年，笃好佛道儒经。知见未见，养吾无相之心。饥餐渴饮，身有六根之需。六根非我，心无色味之欲。

人性者，面粉也。人性善者，无增白剂也。人性恶者，有增白剂也。增白剂者，色音味也。《荀子·性恶》：“今人之性，生而有好利焉。”好利非天生，心受物役故。夫人性，天生无知，见物生知，知生欲，欲生贪嗔痴，贪嗔痴生性恶。道无善恶，人性亦道，性善性恶，皆习成耳。

《论语·颜渊》：“季康子患盗，问于孔子。孔子对曰：‘苟子之不欲，虽赏之不窃。’”《论语·八佾》：“子曰：‘管仲之器小哉。’”齐大夫管仲有六根之欲，是小器。大器何？《论语·泰伯》：“子曰：‘巍巍乎！舜禹之有天下也，而不与焉。’”舜禹无欲，不享功名，百姓不受物役，是以人性善焉。故孔子赞其天德巍巍乎！此大器也。

《老子》第七十七章：“圣人功成而不处，其不欲见贤。”贤者，功名也。人性见物生知，不欲现贤，则天下无知无欲。《老子》第三章：“常使民无知无欲。”是也。有功名，则有富贵。有富贵，则有贫贱。有富贵贫贱，则有知有欲。有知有欲，则有诈伪争斗。是以人性恶矣。《老子》第三章：“不尚贤，使民不争。”是也。《老子》第五十七章：“我无欲，而民自朴。”《论语·泰伯》：“子曰：‘禹，吾无间然矣。菲饮食，恶衣服，卑宫室，而尽力乎沟洫。’”《老子》第六十六章：“处上而民不重，处前而民不害。”禹无六根之欲，衣食住行与民同，民不重亦不害。不欲现贤，而民自朴。禹王衣食粗，沟洫流汗水。宫室同民房，身教不动嘴。是以人性善矣。

《论语·八佾》：“子谓《韶》：‘尽美矣，又尽善也。’谓《武》：‘尽美矣，未尽善也。’”周武王以力夺天下，故《武》乐有战斗之音。虞舜受尧禅让，故《韶》乐无拼杀之声。《论语·卫灵公》：“子曰：‘无为而治者，其舜也与！夫何为哉？恭己正南面而已矣。’”无功名，无为之治也。有功名，有为之治也。无为之治，乃孔子思想。是故赞舜美《韶》乐也。《老子》第五十七章：“法令滋彰，盗贼多有。”《论语·子路》：“子曰：‘其身正，不令而行；其身不正，虽令不从。’”法令滋彰，盗贼多有何？其身不正，虽令不从故也。道儒皆是无为。《论语·为政》：“子曰：‘为政以德。’”德者，道也。无为之治，为政以德，不欲现贤，不尚贤，不现可欲，六根不受物役，是以人性善焉。有为之治，无德有功名，现贤，尚贤，现可欲，六根受物役，是以人性恶焉。然有为之治，人性善者亦不寡矣。何哉？盖善者读懂佛道儒也。六根非真我，不受物役人。《老子》第五十四章：“修之于身，其德乃真。”

《论语·述而》：“子疾病，子路请祷。子曰：‘丘之祷久矣。’”孔子言行不违仁，故曰丘之祷久矣。仁者，道也。在儒曰仁，在道曰道。道有神灵，神灵在心。道儒言殊道同，同何？自己二字也。自己善则天下善，自己恶则天下恶。《老子》第十一章：“有之以为利，无之以为用。”有之者，人性也。无之者，佛性也。修之于身，则无之以为用。无之以为用，则人性善。

五

《论语·述而》:“子曰:‘仁远乎哉?我欲仁,斯仁至矣。’”《老子》第五十一章:“道生之,德畜之。”《论语·雍也》:“仁者静。”《老子·第十六章》:“致虚极,守静笃。”

《论语·述而》:“子疾病,子路请祷。子曰:‘丘之祷久矣。’”句谓言行不悖道即是祷也。《老子》第七十三章:“天网恢恢,疏而不漏。”神灵在心,知乎此,则不敢欺心妄作。

《老子》第五十七章:“我无欲,而民自朴。”贪嗔痴,欲也。夫道生天地万物而不欲,人乃道生,人欲悖道。儒道言殊道同,其治人欲一也。

《论语·为政》:“子曰:‘攻乎异端,斯害也已!’”《老子》第八章:“夫唯不争,故无尤。”《老子》第二十四章:“自伐者无功。”《老子》第五十八章:“圣人方而不割。”攻乎异端者,是争斗也,是自伐也，是割物也。此三者，圣人不为。是以孔子诲其弟子曰，攻乎异端，斯害吾道也矣！已同矣。《孔子家语·儒行解第五》：“孔子曰：‘同己不与，异己不非。’”是也。《进学解》韩愈自诩：“抵排异端，攘斥佛老。”《论语·里仁》：“子曰：‘唯仁者能好人，能恶人。’”韩愈非仁，不知圣人微言。俗文大家，妄论三教善恶。《老子》第五十七章：“法令滋彰，盗贼多有。”《孔子家语·始诛第二》：“孔子曰：‘刑弥繁而盗不胜。’”盖孔、老为一也。《老子》第八十一章“博者不知”是也。韩愈多欲，博学为政。心中有私，不能自胜。言行合道成已，成己成人。

六

《论语·子罕》：“子曰：‘吾何执？执御乎？执射乎？吾执御矣。’”执御者，行先王之道也。

《论语·卫灵公》：“子曰：‘无为而治者，其舜也与！夫何为哉？恭己正南面而已矣。’”《论语·泰伯》："子曰：'禹，吾无间然矣。菲饮食，恶衣服，卑宫室，而尽力乎沟洫。'"夫道生天地万物而不欲，为政则天而不欲，此先王之道也。

《论语·八佾》："子谓《韶》：'尽美矣，又尽善也。'谓《武》：'尽美矣，未尽善也。'"周武王以力夺天下，故《武》乐有战斗之音。虞舜受尧禅让，故《韶》乐无拼杀之声。是以孔子是《韶》非《武》也。《论语·子路》："子曰：'其身正，不令而行；其身不正，虽令不从。'"不令而行者，无为之治也；虽令不从者，有为之治也。《论语·颜渊》："季康子患盗，问于孔子。孔子对曰：'苟子之不欲，虽赏之不窃。'"《论语·雍也》："子曰：'仁者静。'"静者，无欲也。《论语·雍也》："子曰：'贤哉！回也。一箪食，一瓢饮，在陋巷。人不堪其忧，回也不改其乐。贤哉！回也。'"颜子无欲，故有守静之乐也。《论语·八佾》："子曰：'管仲之器小哉！'"齐大夫管仲有欲，是小器。大器何？《论语·泰伯》："子曰：'巍巍乎！舜禹之有天下也，而不与焉。'"舜禹二圣无欲，不享功名，故孔子赞其天德巍巍乎！此大器也。不享功名，无为之治也。孔子思想，乃无为之治，是故赞舜禹美《韶》乐也。《论语·为政》："子曰：'为政以德。'"德者，天德也。孔子曰："天何言哉？四时行焉，百物生焉。"天德身教以化民，舜禹是也。《论语·颜渊》："子张问政。子曰：'居之无倦，行之以忠。'"唯天德者能之。四时行焉，百物生焉，此无倦、以忠也。

无为奔驰，孔子执御。观者心出赞声，上车古今无人。是以战争不息，百姓遭难。历代有为之治，以乱治乱。

七

夫哲学，明道之学也。《老子》云："有物混成，先天地生。"先天地生者，无形也。又云："有生于无。"无者，物也。故曰有物混成。又云："道之为物，惟恍惟惚。惚兮恍兮，其中有象。恍兮惚兮，其中有物。"天地万物可见，故曰惚兮恍兮，其中有象。道不可见，故曰恍兮惚兮，其中有物。又云："是谓无状之状，无象之象。"《老子》云："道生之，德畜之。"道生万物，万物即道。又云："道生一。"又云："载营魄抱一，能无离乎？"营者，魂也。动以营身。又云："天得一以清，地得一以宁，神得一以灵，谷得一以盈，万物得一以生。"一者，浩然之气也。孟子曰："我善养吾浩然之气。"苏轼曰："浩然之气，不依形而立，不恃力而行，不待生而存，不随死而亡矣。故在天为星辰，在地为河狱。幽则为鬼神，而明则复为人。"《老子》云："专气致柔，能婴儿乎？"又云："见小曰明，守柔曰强。"一者，小也。见之者，则明道矣。夫道不争，柔弱也。夫守之者，则天下莫能与之争，故强矣。一者，天地万物之母也。

《老子》第一章云："玄之又玄，众妙之门。"玄者，黑也。黑夜不见物，故以玄喻道。何时有道？物远不可见，如黑夜，又玄也。众妙者，天地万物也。天地万物生于无，妙也。夫道不可见，则生天地万物，故曰玄之又玄，众妙之门。又云："夫物芸芸，各复归其根。归根曰静，是谓复命。复命曰常，知常曰明。”夫人，有真我假我。载营魄抱一者，真我也。真我者，无形也。身体，假我也。真我无生无死，寂然不动，故曰静也。假我有生有死，故《老子》云：“反者道之动。”假我亦是道也。又云：“有之以为利，无之以为用。”有之，假我也。无之，真我也。

《老子》云：“天网恢恢，疏而不漏。”道有神灵，神灵在心，此无相之心也。心外无象，知乎此，则明道矣。

莫听穿林打叶声，何妨吟啸且徐行。竹杖芒鞋轻胜马，谁怕？一蓑烟雨任平生。

料峭春风吹酒醒，微冷，山头斜照却相迎。回首向来萧瑟处，归去，也无风雨也无晴。

苏轼《定风波》词，心外无象也。魂魄抱一，生命呼吸之间。知见未见，顿悟心外无天。

八

《论语·雍也》：“子曰：‘回也，其心三月不违仁。’”《论语·泰伯》：“曾子曰：‘以能问于不能，以多问于寡，有若无，实若虚，犯而不校，昔者吾友尝从事于斯矣。’”《论语·子罕》：“子曰：‘语之而不惰者，其回也与！’”又曰：“吾见其进也，未见其止也。”《论语·为政》：“子曰：‘吾与回言，终日不违，如愚。退而省其私，亦足以发，回也不愚。’”《论语·雍也》：“哀公问：‘弟子孰为好学？’孔子对曰：‘有颜回者好学，不迁怒，不贰过，不幸短命死矣。今也则亡，未闻好学者也。’”《论语·先进》：“子曰：‘回也非助我者也，于吾言无所不说。’”《论语·雍也》：“子曰：‘贤哉！回也。一箪食，一瓢饮，在陋巷。人不堪其忧，回也不改其乐。贤哉！回也。’”《论语·先进》：“颜渊死，子曰：‘噫！天丧予！天丧予！’”《论语·先进》：“颜渊死，子哭之恸。从者曰：‘子恸矣。’曰：‘有恸乎？非夫人之为恸而谁为？’”

颜子学以成圣，不盈能容，观曾言可知矣。三月不违仁者，纯乎道也。纯道无欲，则不改其乐。此所以无所不悦，终日不违。《论语·述而》：“子曰：‘躬行君子，则吾未之有得。’”未得，谦也。躬行君子，与道合一。颜子是也。如愚不愚者，大智若愚也。先王之道得于心见于行者，唯颜子一人。故曰“天丧予！”哭之恸，恸道无传人。不迁怒者，道心如鉴，应物无迹，何怒之有？不惰，其进不止者，天德也。四时行焉，是以君子自强不息。《论语·学而》：“子曰：‘人不知而不愠，不亦君子乎。’”颜子一生未仕，安贫乐道，可谓成德之君子。《老子》云：“死而不亡者寿。”颜子是也。

先王之道，孔颜行之。二圣离世，无人得之。心中无我，犯而不校。瓢饮箪食，安贫乐道。

九

《论语·里仁》：“子曰：‘里仁为美，择不处仁，焉得知？’”里者，心也。仁者，道也。美者，德也。里仁为美者，句谓心存道则有德也。择者，学也。《论语·述而》：“子曰：‘仁远乎哉？我欲仁，斯仁至矣。'"《论语·里仁》：子曰："苟志于仁矣，无恶也。"《老子》："载营魄抱一，能无离乎？"无六根，则载魂魄抱一不离。载魂魄抱一不离，则志于仁。志于仁，则无六根（无我）。何恶之有？《论语·述而》：子曰："志于道，据于德，依于仁。"今生成道，志于道也。抱一不离，据于德也。言行合道，依于仁也。《论语·卫灵公》：子贡问曰："有一言而可以终身行之者乎？"子曰："其恕乎。己所不欲，勿施于人。""己所不欲，勿施于人"此八字是恕也，唯里仁为美者能之。终身行之，则依于仁也。

夫道生天地万物而不欲，为政则之而不欲。此里仁为美也。此中华民族传统文化之根也。尧舜禹汤文武周孔心心相印者也；一以贯之者也；终身行之者也。在天，则四时行焉，百物生焉；在人，则治国之道焉；在国，则世界通行焉。是非善恶，鉴而知之，又宝镜焉。

《论语·泰伯》："子曰：'禹，吾无间然矣。非饮食，恶衣服，卑宫室，而尽力乎沟洫。'"禹王里仁为美，则天下安矣。《老子》：“我无欲，而民自朴。”欲悖道，故曰毒。齐大夫管仲奢侈，孔子谓其小器。舜禹有天下而无欲享，孔子赞其天德巍巍乎！《书经》只说一句话：天下治乱在一人。夫治国者里仁为美，则天下治矣。千经万典四个字：里仁为美。里仁为美，没有私心。爱人人爱，天下人亲。

十

《论语·里仁》：子曰：“吾道一以贯之。”尧曰篇：子曰：“不知言，无以知人也。”学而篇：子曰：“君子食无求饱，居无求安。”为政篇：子曰：“为政以德。”八佾篇：子曰：“君子无所争。”“管仲之器小哉！”子谓《韶》：“尽美矣，又尽善也。”谓《武》：“尽美矣，未尽善也。”《论语·公冶长》：子曰：“枨也欲。”《雍也》：子曰：“贤哉！回也。一箪食，一瓢饮，在陋巷。人不堪其忧，回也不改其乐。贤哉！回也。”“仁者静，仁者寿。”《泰伯》：子曰：“巍巍乎！

舜、禹之有天下也，而不与焉。”“禹，吾无间然矣，非饮食，恶衣服，卑宫室，而尽力乎沟洫。”《子罕》：子曰：“吾有知乎哉？无知也。”“仁者无忧。”《颜渊》：季康子患盗，问于孔子。孔子对曰：‘苟子之不欲，虽赏之不窃。’”“子张问政，子曰：‘居之无倦，行之以忠。’”《卫灵公》：“子曰：‘无为而治者，其舜也与！夫何为哉？恭己正南面而已矣。’”《阳货》：“子曰：‘天何言哉？四时行焉，百物生焉，天何言哉?’”《微子》：“子曰：‘我则异于是，无可无不可。’”

无可，无是也。无不可，无非也。无是无非，无身也。故曰无知也。无六根知见，故曰无可无不可。此，冲而用之也。虚则无知，无知存道。夫道无欲，故曰静。不生不灭，故曰寿。无所争，故曰无忧。夫道，在儒曰仁，在老曰道，在庄曰气，在人曰德。故曰为政以德。夫道无倦以忠，则百物生。为政无倦以忠，则无不治。无倦以忠，天德也。孔子诲人不倦，天德无欲，故赞无欲者：无求饱安之君子，颜，舜，禹，《韶》是也。故斥有欲者：《武》，枨、管、季是也。《论语》二十篇，言一欲字。故曰吾道一以贯之。一者，欲也。欲以贯之。无欲，不享功名。无功名，则无为。有功名，则有为。有功名，真伪生矣，天下乱矣。孔子身居有为时代，行无为之道，为政无欲，天下无欲，无真伪之争，无不治也。余读《论语》，两句重言，昔日对面不相识，今日对面相识矣。天何言哉？首尾重言：贤哉！回也。首尾重言。言哉重言无为也；贤哉重言无欲也。无欲，无为也；无为，无欲也。夫道无功名，则百物生；为政无功名，则无不治。为政则天以行人事也。为政以德是也。德者为政，不享荣尊富贵也。尧舜禹三圣是也。孔子弟子唯颜渊无欲，故重言贤焉。颜死，天丧予之叹，叹道无传人（《论语·先进篇》）。吾未见解此两重言者，《论语》名存实亡矣。

两重言者，笛子独奏也。历代注者，为政者，伴奏也。独奏，无为也。伴奏，有为也。唯闻伴奏之声，不闻笛声。是以世行有为之政，有享有夺，江山易主，战争不息。

笛子无欲，一以贯之者也。

十一

《论语·颜渊》："子曰：'君子成人之美，不成人之恶。小人反是。'"夫学以成德谓君子，心有道而无私。小人不学而无德，心有私而无道。盖道与俗反，故其所好有善恶之异也。王安石之妾与家仆偷情，王赠白银千两，以成妾之美。真可谓宰相肚里能撑船也。赋曰：

美妾偷情兮，不打其嘴。赠银千两兮，成妾之美。拜堂成亲兮，美满姻缘。千古美谈兮，肚里撑船。

不学无德兮，俗人打杀。升堂问罪兮，惩奸捉拿。天下不安兮，小人作乱。无德有私兮，前杀后犯。人皆君子兮，天下和睦。唯学成德兮，没有二路。

夫德自有兮，六根蒙蔽。学道则悟兮，守德无罪。学而不习兮，没有成德。学而习之兮，安石示则。人有六根兮，学道真难。学以成德兮，习之益难。

十二

《论语·里仁》："子曰：'见贤思齐焉，见不贤而内自省也。'"以人之贤与不贤为鉴，思齐内省，去恶存善，则贤焉。赋曰：

朝过夕改兮，朝经暮史。卑以自牧兮，谦谦君子。小德出入兮，小痴大黠。不欺暗室兮，不识东家。不痴不聋兮，不成姑公。盗憎主人兮，道大莫容。邑犬群吠兮，潜龙勿用。不磷不缁兮，北辰星拱。淡泊以明志兮，宁静以致远。止谤莫如自修兮，新沐弹冠。心无挂碍兮，心香一瓣。心无二用兮，抑恶扬善。自取富贵兮，耻居人下。衰当益壮兮，心甜意洽。心逸日休兮，恕己及人。担雪塞井兮，治丝而棼。迁兰变鲍兮，坐不垂堂。积金累玉兮，积恶余殃。积善之家兮，必有余庆。心如古井兮，心平气定。生公说法兮，顽石点头。内举不避亲兮，外举不避仇。无疆之休兮，饮马投钱。不汲汲于富贵兮，不戚戚于贫贱。先忧后乐兮，先难后获。朝夷暮跖兮，朝荣暮落。蠹啄剖梁柱兮，蚊虻走牛羊。顺德者昌兮，逆德者亡。孜孜矻矻兮，顺美匡恶。东飘西荡兮，心亿则乐。木秀于林兮，风必摧之。倒悬之患兮，扼吭夺食。哀乐相生兮，滴水穿石。俯仰无愧兮，视险如夷。怀瑾握瑜兮，东迁西徙。奋身独步兮，不到黄河心不死。不耕而食兮，不蚕而衣。魑魅魍魉兮，牛刀小试。泥而不滓兮，怖鸽获安。神奸巨蠹兮，竹罄南山。蠹众木折兮，隙大墙坏。蠹居棋处兮，财多命殆。开柙出虎兮，贪冒荣宠。哀矜勿喜兮，夙夜在公。痛饮黄龙兮，鳌头独占。朝乾夕惕兮，朝成暮遍。先人后己兮，木强则折。德音莫违兮，堤溃蚁穴。道存目击兮，滴水难消。不愧屋漏兮，冯唐易老。能近取譬兮，凤仪兽舞。鬻声钓世兮，鬻良杂苦。鸢飞鱼跃兮，亹亹不倦。涅而不缁兮，尸居龙见。浮名虚利兮，俯拾青紫。火上弄冰兮，福为祸始。洽闻强记兮，称薪量水。单则易折兮，众则难摧。长袖善舞兮，多钱善贾。才秀人微兮，不遑宁处。谗口铄金兮，淮南鸡犬。得失在人兮，能不称官。彩笔生花兮，名下无虚。名书锦轴兮，瑕不掩瑜。秋月春风兮，目不窥园。不齿最后兮，参透机关。宁教我负天下人兮，休教天下人负我。窃衣取温兮，灯蛾扑火。

馈贫之粮，梯愚人圣兮。蛙螟胜负，如坐春风兮。塞翁失马，安知非福兮。不愧不怍，还淳反古兮。如月之恒，如日之升兮。起死回生，斐然向风兮。诸行无常，蝉腹龟肠兮。珠沉沧海，积雪封霜兮。囊橐充盈，傥来之物兮。极则必反，红紫夺朱兮。亡羊得牛，周情孔思兮。蓝田生玉，禅絮沾泥兮。瑞气祥云，攻玉以石兮。躬耕乐道，匪石匪席兮。牛骥同皂，大辩不言兮。牛黄狗宝，呆里撒奸兮。讷于言，敏于行兮。蝉翼为重，千钧为轻兮。直道而行，积德裕后兮。十羊九牧，括囊拱手兮。

十三

《论语·里仁》：“子曰：‘君子怀德，小人怀土；

君子怀刑，小人怀惠。'" 德刑者，国是也。土惠者，私我也。心存国是者，君子也，心存私我者，小人也。人类先有私我，而后有弱肉强食。有弱肉强食，而后有国家。有国家，而后有君子。有君子，而后有国是。国是者，扶弱遏强也。扶弱遏强，则天下治平。今夫弱者十一号，强者开宝马。天下一个私，公字音读假。盖无君子故耳。赋曰：

千人诺诺兮，不如一士谔谔。直木必伐兮，怀玉被褐。秦智虞愚兮，衾影无惭。鲂鱼赪尾兮，防患未然。泰山不让土壤兮，故能成其大。秤砣虽小压千斤兮，澄清天下。防微虑远兮，二卵弃干城。放马后炮兮，防芽遏萌。吃得苦中苦兮，方为人上人。不鸣则已兮，一鸣惊人。泰山梁木兮，太上忘情。度德量力兮，持满戒盈。吃苦在前兮，享受在后。成己成物兮，前人种德后人收。三十年河东兮，三十年河西。日中则昃兮，月盈则食。巍巍荡荡兮，微言大义。载一抱素兮，寸阴尺璧。省身克己兮，奋发有为。尺瑜寸瑕兮，登高自卑。善贾而沽兮，锥处囊中。祛蠹除奸兮，山丘之功。群蚁溃堤兮，群魔乱舞。锄强扶弱兮，跫响空谷。版筑饭牛兮，川渟岳峙。喜气迎人兮，浮生若寄。盛德遗范兮，胜残去杀。坚忍质直兮，坚韧不拔。肉食者鄙兮，直道不容。诗云子曰兮，才望兼隆。朴讷诚笃兮，官清法正。以儆效尤兮，蒲鞭之政。河汉江淮兮，浩然之气。弋不射宿兮，心凝形释。丘壑泾渭兮，巢林一枝。一隅三反兮，心之官则思。勿以善小而不为兮，勿以恶小而为之。穷猿奔林兮，言行抱一。白首之心兮，白首穷经。白首为郎兮，深渊薄冰。

五毒俱全，搬起石头砸自己的脚兮。赃盈恶贯，物壮则老兮。物以类聚，物腐虫生兮。恶紫夺朱，邪不干正兮。买官鬻爵，兔死狗烹兮。从善如登，从恶如崩兮。刻薄成家，美轮美奂兮。亏心短行，河决鱼烂兮。

十四

《论语·为政》："子曰：'为政以德，譬如北辰，居其所而众星共之。'”德者，道也。以道治天下，故曰居其所也。居其所者，守静（道）无欲也。为政无欲，天下则之，故曰众星拱之也。

《老子》第三章：“为无为，则无不治。”为政无欲，为无为也。无为者，无功名也。夫道无功名（不言），则万物各得其所。是以圣人则天以行人事，为政无欲。无不治者，为政无欲，上行下效，不令而行，故曰无不治也。《老子》第五十六章：“不可得而亲，不可得而疏；不可得而利，不可得而害；不可得而贵，不可得而贱。”不可得何？居其所而无欲也。赋曰：

任凭风浪起兮，稳坐钓鱼船，清静无为兮，三绝韦编。清风峻节兮，任重道远。清心寡欲兮，孔席不暖。日出而作兮，日入而息。日就月将兮，大公无私。勤则不匮兮，大度汪洋。守道安贫兮，守分安常。鸦巢生凤兮，守死善道。守正不移兮，犯而不校。陈蔡之厄兮，不饮盗泉。怀真抱素兮，大才槃槃。大处着眼兮，小处着手。怀珠韫玉兮，分文不受。策驽砺钝兮，负鼎之愿。我心如秤兮，慎防杜渐。沉舟侧畔千帆过兮，病树前头万木春。废私立公兮，冬日夏云。道不拾遗兮，夜不闭户。浮云富贵兮，浮云朝露。批郤导窾兮，解民倒悬。和衷共济兮，任人唯贤。大直若屈兮，大勇若怯。大难不死兮，大辩若讷。笔参造化兮，事必躬亲。俾夜作昼兮，寸金难买寸光阴。救寒莫如重裘兮，存心养性。慎终如始兮，生死有命。豹死留皮兮，人死留名。卑身贱体兮，淡水交情。出乎其类兮，拔乎其萃。赤子之心兮，除残去秽。使功不如使过兮，使贤任能。不忮不求兮，比屋可封。不为已甚兮，激贪厉俗。抚孤恤寡兮，不吐不茹。守身如玉兮，守正不挠。刚毅木讷兮，惟有读书高。使智使勇兮，使民以时。不自满假兮，布衣蔬食。

奔逸绝尘，卑宫菲食兮。百川归海，圣主垂衣兮。万世之业，万马千军兮。百忍成金，万年长存兮。困知勉行，琨玉秋霜兮。万里鹏程。素丝羔羊兮。恬淡无欲，恬淡无为兮。调和阴阳，调剂盐梅兮。损上益下，恬然自足兮。满而不溢，脱胎换骨兮。一字长城，百代过客兮。福由心造，恬然自得兮。齿亡舌存，耻言人过兮。出凡入圣，大匠不斫兮。大辩不言，大音希声兮。水火相济，盐梅相成兮。清如水，明如镜兮。清风两袖，益谦亏盈兮。点滴归公，和气致祥兮。废奢长俭，傲雪凌霜兮。俯拾仰取，威仪孔时兮。乖气致戾，树德务滋兮。除恶务本，抽薪止沸兮。大同境域，事在人为兮。越凫楚乙，贯朽粟腐兮。楚虽三户，亡秦必楚兮。

十五

《论语·里仁》：“子曰：‘苟志于仁矣，无恶也。’”仁者，道也。在儒曰仁，在道曰道，在佛曰佛。《老子》第二十六章：“君子终日行不离辎重。”辎重者，道也。夫人离道则无德，无德非君子，故曰君子终日行不离辎重。志于仁则不离辎重，不离辎重则无六根，无六根则无欲，无欲则不损人利己，故曰无恶也。无恶，则见众生是佛。见众生是佛，则纯乎道。纯乎道，则仁矣。盖恶者已甚，仁道弗存。吾将振铎以行道焉。赋曰：

待时守分兮，待时而动。过河卒子兮，北辰星拱。别出心裁兮，砭庸针俗。表里如一兮，抱玉握珠。弊车驽马兮，匡合之功。临文不讳兮，麟凤龟龙。饱暖生淫欲兮，饱经忧患。方正不阿兮，佩韦自缓。喷珠吐玉兮，匏瓜空悬。岁寒松柏兮，佩韦佩弦。方以类聚兮，物以群分。百练之钢兮，百年树人。百败不折兮，百不当一。百尺竿头兮，百尺无枝。白玉无瑕兮，待势乘时。喷唾成珠兮，佩弦自急。庖丁解牛兮，百动不如一静。文以载道兮，文章憎命。贫贱骄人兮，万丈高楼平地起。明月入怀兮，匡衡凿壁。文章山斗兮，文齐福不齐。果行育德兮，敦本务实。非知之难兮，行之惟艰。戴清履浊兮，金人三缄。社稷之器兮，片言居要。丹心赤忱兮，刘毅答诏。时势造英雄兮，片石韩陵。冰魂雪魄兮，冰雪聪明。拔诸水火兮，登于衽席。八窗玲珑兮，饥不暇食。

石心木肠，包羞忍耻兮。冰壶秋月，拔毛济世兮。处之晏然，神而明之兮。骊中彪外，平心静气兮。过五关，斩六将兮。八字打开，拔犀擢象兮。文武之道，传诵不绝兮。巧不若拙，大信不约兮。明扬侧陋，贫而无谄兮。国而忘家，伯乐相马兮。金声玉色，博物洽闻兮。拔葵去织，薛下之门兮。

十六

《论语·卫灵公》：“子曰：‘君子不可小知而可大受也，小人不可大受而可小知也。’”学以成德谓君子，学而未得（德）谓小人，与未学者同焉。大受者，为政也。小知者，生活技能也。夫道，在天曰道，在心曰德。孔子曰：“天何言哉？四时行焉，百物生焉。”泽被万物而不言，乃天德也。万物各得其所而不知有道，乃自然也。为政无欲，乃学以成德之君子也。躬行示则，有功而弗居，天下各得其所而不知其功。无功则无争，无争则无欲，是以天下安矣。小知谋私，谋私生争，争生欲，欲悖道，故曰君子不可小知而可大受也。小人无德，为政居功，以假乱真，欲壑难填，上行下效，是以天下乱矣。故曰小人不可大受而可小知也。

句谓无德不可为政。今夫天下弱肉强食，反腐自腐，贿霸天下，执法犯法，乃小人大受之患耳。赋曰：

成事不足兮，坏事有余。尺泽之鲵兮，浑水摸鱼。吃硬不吃软兮，鸱鸮弄舌。驽马恋栈豆兮，奴颜媚骨。趁人之危兮，鸱视狼顾。称孤道寡兮，鸱目虎吻。酒地花天兮，嫁祸于人。成群集党兮，逞异夸能。乘风兴浪兮，逞能好胜。谋财害命兮，撑眉努眼。趁火打劫兮，持人长短。驽马铅刀兮，奴颜婢睐。弄嘴弄舌兮，弄巧呈乖。趁风使柁兮，乘势使气。弄虚作假兮，弄性尚气。鬼域伎俩兮，国家多故。

十七

《论语·宪问》：“子曰：‘古之学者为己，今之学者为人。’”古之学者出凡人圣，今之学者欲人知己。为己无六根，人知害自身。无德白费力，修身德乃真。

夫人有德，生谓君子，死而不亡。故曰为己也。无德（学而未得），生谓小人，死而灯灭。故曰为人也。

《老子》第四十八章：“为学日益，为道日损。损之又损，以至于无为。”日益者，为人也。日损者，为己也。损之又损者，无六根也。无六根者，无为也。无为，则成德也。成德，则为己也。赋曰：

学以成德，成德无私。无私为政，乃先王之道也。孔子一生行斯道，造就为政者。然自古至今，学者为人者众，为己者寡，此所以天下不安耳。

学成文武艺兮，货于帝王家。学老于年兮，学海无涯。学如不及兮，犹恐失之。学无所遗兮，学无常师。学如穿井兮，学贵有恒。学以致用兮，学业有成。学而不厌兮，诲人不倦。学究天人兮，学优才赡。学富五车兮，学而时习之。学然后知不足兮，学而优则仕。学问思辨兮，学有专长。学浅才疏兮，学而不思则罔。学者如牛毛兮，成者如麟角。福不徒来兮，福由心造。高世之行兮，文炳雕龙。进善惩奸兮，进思尽忠。进善退恶兮，高抬明镜。高顾遐视兮，高情逸兴。高山仰止，景行行止兮。高情迈俗，高人雅致兮。文房四侯，进德修业兮。进道若退，高才大德兮。

十八

《论语·颜渊》：“子张问政。子曰：‘居之无倦，行之以忠。’”此八字，乃天德也。“天何言哉？四时行焉，百物生焉。”（《论语·阳货》）是也。又曰：“禹，吾无间然矣。菲饮食，恶衣服，卑宫室，而尽力乎沟洫。”（《论语·泰伯》）此天德也。亘古通今，唯禹一人耳。历代为政临民者皆居之享乐，行之以私。是故天下战争不息焉。

居之享乐，行之以私何？坏人为政也。夫人类，先有坏人，后有国家。治国，治坏人也。孔子曰：“人之生也直。”（《论语·雍也》）为政谋私，上坏也。奉承讨好，下坏也。下直，上坏难坏。上直，下坏难坏。古往今来，乱天下者，上下两坏也。刘基曰：“金玉其外，败絮其中。”是也。赋曰：

马上得天下兮，马上房子。马上看花兮，贪生怕死。贪如饕餮兮，贪官蠹役。贪欢逐乐兮，自取罪戾。贪贿无艺兮，贪生舍义。贪心不足兮，欺三瞒四。以强凌弱兮，以众暴寡。朝不保夕兮，贪污腐化。朝不虑夕兮，朝穿暮塞。贪花恋酒兮，朝欢暮乐。马面牛头兮，马鹿易形。马腹逃鞭兮，以白诋青。以白为黑兮，以耳为目。以假乱真兮，以瞽引瞽。积金至斗兮，积薪候燎。以管窥豹兮，鸡栖凤巢。积金累玉兮，欺软怕硬。全无忌惮兮，欺世盗名。马牛襟裾兮，蚂蚁缘槐。朝歌夜弦兮，埋没人才。贪财慕势兮，贪多务得。全无心肝兮，贪财好色。自以为是兮，贪而无信。自取其咎兮，齐人攫金。

十九

《论语·颜渊》：“季康子患盗，问于孔子。孔子对曰：‘苟子之不欲，虽赏之不窃。’”又曰：“政者，正也。子帅以正，孰敢不正？”《论语·子路》：“子曰：‘其身正，不令而行；其身不正，虽令不从。’”又曰：“不能正其身，如正人何?”《老子》第四十五章：“清静，为天下正。”

夫人，学以成德则无欲。无欲，则身正。为政无私，则天下无盗。上行下效，谁敢损公肥私?故曰不令而行。为政谋私，虽令不从。不从何?上行下效耳。故曰不能正其身，则不能正人。无欲，则心存道。心存道，则清静。清静，则可为政。故曰清静为天下正。赋曰：

以危为安，以乱为治。元恶未枭，倚财仗势。破璧毁圭，以郄视文。倚官挟势，以养伤身。颠倒乾坤，以紫乱朱。豺狼野心，丑类恶物，上之所好，下必从之。天昏地黑，小黠大痴。矜智负能，两头三面。矜功负气，矜功伐善。淫学流说，乘肥衣轻。盗玉窃钩，淫心匿行。淫词秽语，淫朋密友。谗言嚣嚣，谗慝之口。豺狼当道，淫言诐行。谗口铄金，豺狼成性。淫朋狎友，乘轻驱肥。淫言媟语，颠倒是非。颠倒黑白，恣睢自用。卖公营私，矜功恃宠。枉法营私，矜名妒能。枉己正人，矜功伐能。两面二舌，两面三刀。矜己自饰，狗头鼠脑。以力服人，朝荣暮落。自高自大，自食其果。谗言佞语，鬼头鬼脑。恣情纵欲，争多论少。狗仗官势，狗头军师。狗彘之行，狗彘不食。鬼怪妖魔，鬼鬼祟祟。诲淫诲盗，食玉炊桂。救火扬沸，救经引足。恣凶稔恶，层见叠出。

二十

《论语·述而》："子曰：'默而识之，学而不厌，诲人不倦，何有于我哉？'"默者，静也。识者，守也。"君子终日行不离辎重"（《老子》第二十六章）是也。学而不厌者，"为道日损"也（《老子》第四十八章）。诲人不倦者，行道不辍也。何有于我者，无六根也。无六根，则不厌不倦。不厌不倦，则默而识之（不离辎重）。又曰："述而不作。"述者，不厌不倦也。不作者，"为无为"也（《老子》第三章）。盖无六根，何作之有？"唯道是从"是也（《老子》第二十一章）。

唯道是从，则无生无死。然俗人不知无生无死，唯知有生有死，此所以损人利己，争名夺利也。党说话不算，国说话不算，法说话不算，钱说话照办。昔日中国，花园也。今日中国，垃圾也。何哉？盖买官卖官故耳。赋曰：

孤秦陋宋，无可救药。覆餗之患，追欢卖笑。无方之民，无法无天。无恶不作，诡计多端。上好下甚，明火执仗。吐刚茹柔，蛇蝎心肠。歪心邪意，鼠心狼肺。冢中枯骨，蛇头蝎尾。蛇心佛口，坚守自盗。鼠肝虫臂，坚主自盗。冢木已拱，鼠肚鸡肠。鼠目獐头，鼠穴寻羊。鼠目寸光，鼠迹狐踪。兔头獐脑，钻天打洞。赃心烂肺，钻营奔竞。滥官污吏，言不践行。赃污狼藉，买爵贩官。言十妄九，滥用职权。贼头鼠脑，贼皮贼骨。爱钱如命，嘴甜心苦。赃盈恶贯，损人利己。天昏地暗，争名夺利。人欲横流，无所不用其极。言是人非，争权夺利。钟鼓馔玉，甜言美语。明抢暗偷，恣心所欲。瞒天讨价，瞒心昧己。瞒天大谎，蛮不讲理。瞒神弄鬼，瞒天席地。瞒神唬鬼，下愚不移。

二十一

《论语·学而》："子曰：'学而时习之，不亦说乎！'"习者，行之也。"发愤忘食，乐以忘忧，不知老之将至。"（《论语·述而》）孔子两忘一不知，其悦可知也，其行世见耳。"知之者不如好之者，好之者不如乐之者。"（《论语·雍也》）悦乐者，得道之妙乐也。妙乐者，无世俗之忧乐也。无世俗之忧乐，无生无死，故曰不知老之将至也。乐之者无欲，乃圣人也。颜渊是乐之者，颜死，则道无传人。乐之者无，然古今知好者善行与日月同辉焉。赋曰：

知足不辱，知止不殆。知足常足，通人达才。饭蔬饮水，清心省事。坚韧不拔，坚忍质直。兼爱无私，艰苦朴素。兼人之材，推心置腹。知人下士，知人善察。兼览博照，坚忍不拔。推群独步，毛遂自荐。知人料事，犯颜极谏。知人善任，知其不可而为之。轻身重义，方圆可施。轻身殉义，谨言慎行。谨终如始，知人之明。不欺暗室，不染一尘。独有千秋，独善其身。不偏不倚，伯玉知非。不愧不怍，不抗不卑。不令而信，推诚布公。推诚接物，不改初衷。不矜不伐，不骄不躁。不甘雌伏，不屈不挠。推诚布信，独具只眼。推贤任人，推贤进善。推贤进士，吐食握发。不念旧恶，不求闻达。推贤让能，推贤乐善。清风两袖，清茶淡饭。龙跃凤鸣，尽瘁鞠躬。谨能胜祸，谨身节用。清静无为，清廉正直。尽其在我，推毂荐士。清心寡欲，清原正本。推诚相信，推己及人。救困扶危，救乱除暴。禁情割欲，返视内照。不愧屋漏，推食解衣。尽诚竭节，匡国济时。救苦弭灾，匡时济俗。推诚相见，推诚爱物。禁奸除猾，禁暴正乱。殁而不朽，没齿无怨。救民水火，救苦救难。廉明公正，迷而知返。灭私奉公，反听内视。成人之美，救偏补弊。警心涤虑，成仁取义。警愦觉聋，超凡出世。责躬省过，责躬罪己。直言正色，直节劲气。直内方外，直言危行。谨小慎微，直道而行。责先利后，忠鲠不挠。中正无邪，忠告善道。忠贯日月，忠肝义胆。忠款诚信，忠心赤胆。超然物外，忠信乐易。忠心耿耿，忠孝节义。忠孝两全，井渫不食。克敌制胜，乐善好义。怀才抱德，怀真抱素。克勤克俭，超尘出俗。乐善不倦，克己奉公。乐善好施，乐事劝功。直谅多闻，忠言谠论。反求诸己，不刊之论。

二十二

《论语·宪问》：“子曰：‘君子上达，小人下达。’”上达，明道也。明道福世，自强不息焉；下达，谋私也。谋私利己，争斗不息焉。赋曰：

君子上达

发愤忘食，乐以忘忧。凤毛麟角，才高八斗。奉为楷模，心直口快。义薄云天，襟怀坦白。顶天立地，敢做敢当。文武双全，饱经风霜。闻鸡起舞，一谦四益。有口皆碑，功名盖世。名副其实，心平气和。功德无量，不念旧恶。裒多益寡，蚊力负山。仰屋著书，穷当益坚。法不阿贵，枵腹从公。厚德载福，天诱其衷。牖中窥日，一枝自足。祸兮福所倚，福兮祸所伏。胸中百万兵，犀燃烛照。福国利民，风不鸣条。赏一劝众，推之四海而皆准。君子不器，上勤下顺。满招损，谦受益，澡身沐德。涅而不缁，省欲去奢。潜龙伏虎，燕骏千金。名书竹帛，众虎同心。祸因恶积，饥虎不可为邻。

磨而不磷兮，璞玉浑金。日诵五车兮，闲邪存诚。胸罗锦绣兮，鲤鱼跳龙门。溪壑无厌兮，知出乎争。南金东箭兮，法脉准绳。燕岱之石兮，惑世盗名。祸盈恶稔兮，法不徇情。厚德载物兮，未明求衣。蓬生麻中兮，不扶自直。危言危行兮，山高水长。躬行节俭兮，拱手垂裳。慎身修永兮，楚璧隋珍。泰来否极兮，黄袍加身。种瓜得瓜兮，种豆得豆。遭遇际会兮，羽翮飞肉。杜门自守兮，鹤鸣之士。凛然正气兮，魏鹊无枝。楚虽三户兮，亡秦必楚。潜图问鼎兮，握蛇骑虎。博施济众兮，替天行道。精贯白日兮，蜚英腾茂。精诚所加兮，金石为亏。腹载五车兮，蛟龙得水。六月飞霜兮，畏口慎事。挽弩自射兮，驹光过隙。晚食当肉兮，晚节黄花。深根蟠结兮，薰莸错杂。跛鳖千里兮，上天不负苦心人。殷忧启圣兮，谦虚谨慎。

小人下达

笑面虎兮迷魂汤，迷魂阵兮破天荒。一窝风兮一溜烟，稻粱谋兮壁上观。出风头兮二把刀，马前卒兮忘形交。莫须有兮东窗计，九回肠兮儿皇帝。唱高调兮假惺惺，心头刺兮眼中疔。华屋山丘兮，负薪之言。行浊言清兮，日食万钱。见死不救兮，天道昭彰。简贤附势兮，贪如虎狼。贪猥无厌兮，贪天之功。见雀张罗兮，天地不容。贱买贵卖兮，见兔放鹰。狼猛蜂毒兮，狼心狗行。视财如命兮，宁媚于灶。胁肩低眉兮，胁肩谄笑。嫁祸于人兮，拖人下水。唯利是命兮，瞋目切齿。脱天漏网兮，挟贵倚势。欺善怕恶兮，欺天诳地。欺天罔人兮，狼狈为奸。繁鸟萃棘兮，天道好还。欺君误国兮，上梁不正下梁歪。同室操戈兮，贪夫徇财。戕害不辜兮，同美相妒。一本万利兮，欺贫重富。明争暗斗兮，趁火打劫。假公济私兮，非日非月。

能言善辩，朝真暮伪。饥附饱扬，言行相诡。为虎添翼，为所欲为。福善祸淫，贪人败类。骑鹤扬州，作恶多端。十恶不赦，手眼通天。跋扈自恣，鹊巢鸠占。狐假虎威，回头是岸。以假乱真，病民蛊国。放下屠刀，立地成佛。衣来伸手，饭来张口。坐享其成，空前绝后。穷奢极欲，串通一气。酒囊饭袋，史无前例。有恃无恐，丧尽天良。横行霸道，自取灭亡。时日曷丧，擅作威福。扇火止沸，燕安鸩毒。善有善报，恶有恶报。祸与福邻，先笑后号。行同狗豨，枉直随形。咄嗟之间，达人知命。鸡飞蛋打，人财两空。金玉其外，败絮其中。天网恢恢，疏而不漏。恶贯满盈，自作自受。

空谷幽兰

恶直丑正，贪名逐利兮。全狮搏兔，自诒伊戚兮。打凤捞龙，衮衮诸公兮。怛然失色，打凤牢龙兮。贵冠履轻头足，大车无輗兮。打鸭惊鸳鸯，大旱望云霓兮。结党连群，同恶相济兮。身寄虎吻，低三下四兮。等米下锅，登山小鲁兮。大车以载，量金买赋兮。绝渡逢舟，勤能补拙兮。风霜雨雪，大节不可夺兮。捐金抵璧，衾影无惭兮。老马嘶风，空谷幽兰兮。

二十三

《论语·阳货》：“子曰：‘唯上知与下愚不移。’”上智者，圣贤也。下愚者，俗人也。圣贤无俗心，则道心不移也。俗人不知有道心，则俗心不移也。道心不移，天下有教。俗心不移，天下有争。是以教不辍，争不息，故曰不移。赋曰：

上智不移

一沐三握发兮，一饭三吐哺。一廉如水兮，一无长物。一日三省兮，一心为公。与世靡争兮，一彻万融。一闻千悟兮，了身达命。饮河鼹鼠兮，神闲气定。一了千明兮，一柱擎天。行不由径兮，居无求安。一无所求兮，一榻横陈。龙翰凤翼兮，审己度人。龙屈蛇伸兮，龙盘凤逸。从容不迫兮，立身行己。失之东隅兮，收之桑榆。老当益壮兮，桃红柳绿。一丝不苟兮，一举三反。闻一知十兮，见兔顾犬。青蝇点素兮，以忍为阍。饮泉清节兮，无佛处称尊。行不愧影兮，寝不愧衾。十室之邑兮，必有忠信。生于忧患兮，死于安乐。悬梁刺股兮，熬更守夜。虚怀若谷兮，天道无亲。如圭如璋兮，富贵不能淫。富贵浮云兮，立身行道。青蝇点玉兮，束身自好。威武不屈兮，贫贱不能移。千金一诺兮，斗重山齐。六根清净兮，无可无不可。无名之朴兮，闻一知二。春风夏雨兮，千金一瓠。羊群里跑出骆驼来兮，千里骏骨。贫无立锥兮，夕剔若厉。夕寐宵兴兮，垂范百世。举枉措直兮，反躬自责。牧豕听经兮，举无遗策。羊续悬鱼兮，肆奸植党。泾渭自分兮，食案方丈。以屈求伸兮，垂饵虎口。胸无宿物兮，吹毛洗垢。苦尽甘来兮，爱惜羽毛。芒寒色正兮，安贫乐道。

下愚不移

黄茅白苇兮，富可敌国。比屋可诛兮，傲睨自若。贪欲无艺兮，知安忘危。选妓征歌兮，水尽鹅飞。苍蝇见血兮，操刀伤锦。苍蝇附骥尾兮，美言不信。蛇食鲸吞兮，瓶罄罍耻。蛇蟠蚓结兮，门庭若市。

以强凌弱，以众暴寡。无天于上，无地于下。如水赴壑，如愿以偿。尸禄害政，铁石心肠。偷媚取容，社鼠城狐。同恶相求，同流合污。铜山金穴，铜臭熏天。泥猪瓦狗，弹指之间。心存高官，志在巨富。如蝇逐臭，高视阔步。跳梁小丑，恬不知耻。世情如纸，调三斡四。泥船渡河，世事纷扰。市恩嫁怨，犬牙鹰爪。视如草芥，势不两立。如鱼得水，如水投石。

爱人以德

视民如子，视民如伤兮。如入芝兰之室，久而不闻其香兮。贿赂公行，目光如豆兮。如入鲍鱼之肆，久而不闻其臭兮。千镒之裘，非一狐之白兮。为民除害，存荣没哀兮。千羊之皮，不如一狐之腋兮。天工人代，为人为彻兮。近朱者赤，近墨者黑兮。昂霄耸壑，爱人以德兮。

二十四

《论语·八佾》："子曰：'夷狄之有君，不如诸夏之亡也。'" 亡，无也。诸夏，中原诸国也。代代相传者，文化也。为政以德，中国文化也。文化不灭，中国不灭。夷狄无文化，虽听君令，不如中国不听君令也。赋曰：

天道不言兮，四时运行。心存天道兮，无私化民。如日行天兮，为政以德。乾坤光明兮，万物沐泽。阴霾蔽日兮，得逞一时。光辉永照兮，卫物以慈。

老庄拾零

一

《老子》第一章："道可道，非常道；名可名，非常名。无名，天地之始；有名，万物之母。故常无，欲以观其妙；常有，欲以观其徼。此两者，同出而异名。同谓之玄。玄之又玄，众妙之门。"

《老子》第二十五章："有物混成，先天地生，吾不知其名，字之曰道，强为之名曰大。"

夫生天地万物之物无形，不可道，不可名也。以文字谓道，是强谓之名也。何也？非此则不能弘道以教人也。是以弘道之人口言之道，口言之名，非常道非常名也，旨在言下悟道。庄子谓道不可言，言则非也。然庄老之书其旨一也，上智者言下悟道也。有物之无，是常道常名也。无生无灭谓常，天地万物生于无，无不生不灭则生天地万物也。因其无形，故不可言也。是以老子曰道可道名可名非常道非常名也。无名，天地之始，谓道生天地也。有名，万物之母，谓万物自生也。故常无，欲以观其妙，有物之无生天地万物，万物生生不息，故曰常无也。妙者，道也。老子观万物生生不息，是道也。人生人，万物生生不息皆道也。非人生人，非万物自生，无道，人不能生人，万物不能自生；无道，则无天地万物。四时行焉，亦是道也。常无者，妙也。妙者，道也。徼，边界也。有边界，则有万物之形，形是常有，故曰常有，欲以观其徼。盖有常无之妙则有常有之徼也。有是无生，有无是道，道不可见，故曰此两者，同出而异名，同谓之玄。玄者，黑也。黑夜有物不可见，故以玄喻道，同谓之玄，同谓之道。道生万物，万物即道。道不可见，玄也；何时有道？物远如黑夜，亦不可见，又玄也。故曰玄之又玄。不可见不知何时而来之道是天地万物之生母也，故曰玄之又玄，众妙之门。众妙者，天地万物也。

妙者，道也。常无是道，常有亦道（非常道）。《老子》曰道生一，又曰载营魄抱一，又曰专气致柔，又曰终日行不离辎重，又曰湛兮似或存。湛，无我也，无我则心存道也。心是佛，佛，道也。《庄子》："吾丧我。湛兮似或存也。"似或，无形实有之词。孔子曰："吾有知乎哉？无知也。"无知，吾丧我也；心存道也。军队离开辎重，则被敌人消灭。人离开辎重（道），则被私欲消灭。《庄子》曰："其形化，其心与之然，可不谓大哀乎！""通天下一气耳。"生命呼吸之间观云则知人生：云生无生，云散无死，生散者，气也。生死云化，悟者无生无死也。一者，道也，气也。致柔者，无七情六欲也，无争也。无争则天下莫能与之争（《老子》）。无争，则致柔也，则无知也，则抱一也，则不离辎重也，则湛兮似或存也。儒道只举一盏灯，只说一句话——无我则有我。

二

《老子》第三十二章："道常无名，朴虽小，天下莫能臣。"第一章："众妙之门。"第二章："功成而弗居。"第三章："为无为，则无不治。"第四章："道冲而用之，或不盈。"第六章："谷神不死，是谓玄牝。"第七章："以其无私，故能成其私。"第八章："上善若水。"第十章："生而不有，为而不持，长而不宰，是谓玄德。"第十一章："有之以为利，无之以为用。"第十四章："无状之状，无物之象，迎之不见其首，随之不见其后。"第十六章："夫物芸芸，各复归其根。知常容，容乃公。"第二十章："我独异于人，而贵食母。"第二十一章："道之为物，惟恍惟惚。惚兮恍兮，其中有象。恍兮惚兮，其中有物。窈兮冥兮，其中有精。其精甚真，其中有信。"第二十二章："圣人抱一，不自见，不自是，不自伐，不自矜。"第二十六章："君子终日行不离辎重。"第二十七章："善行无辙迹。”第二十八章：“知其雄，守其雌。常德不离，复归于婴儿。常德不忒，复归于无极。常德乃足，复归于朴。”第三十四章：“衣被万物而不为主，可名于小。”第三十七章：“不欲以静。”第三十八章：“上德不德。”第四十章：“反者道之动，弱者道之用。天下万物生于有，有生于无。”第四十一章：“大方无隅，大音希声，大象无形。”第四十二章：“道生一。”第四十六章：“知足之足，常足矣。”第四十七章：“不窥牖见天道。不行而知，不见而明，不为而成。”第五十一章：“道生之，德畜之。”第五十二章：“既知其子，复守其母，没身不殆。”第五十六章：“不可得而亲，不可得而疏；不可得而利，不可得而害；不可得而贵，不可得而贱。”第五十八章：“方而不割，廉而不刿，直而不肆，光而不耀。”第六十二章：“道者，万物之奥。”第六十七章：“一曰慈，二曰俭，三曰不敢为天下先。”第七十章：“圣人被褐怀玉。”

无名，无功名。功成而弗居，无功名也。无功名，无为也。功成，为也。故曰为无为。不为而成，故曰无不治。夫道无为成其道；圣人无为成其圣；天下无为成其天下。成其天下者，无功名也。无功名者，道也；圣人也。无为，无私也。无私成其私是也。

《老子》第三十九章：“神得一以灵。”一，道也。夫道，在灵曰神；在气曰一；在生曰门，曰母，曰子；在心曰德，曰奥，曰玉；在名曰婴儿，曰朴，曰小，曰无名，曰谷神，曰玄牝，曰无状之状，曰无物之象，曰迎之不见其首，曰随之不见其后，曰大方无隅；在无曰大音希声，曰大象无形，曰湛兮似或存；在有曰天，曰地，曰人，曰万物，曰利；在本原曰根，曰静，曰无极；在物曰有象，曰有物，曰有精，曰甚真，曰有信；在用曰无，曰弱，曰冲（虚），曰不盈，曰辎重，曰食母；在德曰玄德，曰慈，曰俭，曰不敢先，曰不割不刿不肆不耀，曰常足，曰上善，曰不德，曰不欲，曰不行而知、不见而明、不为而成，曰不可得而亲、不可得而疏、不可得而利、不可得而害、不可得而贵、不可得而贱，曰容，曰公，曰抱一，曰不自见、不自是、不自伐、不自矜，曰无辙迹，曰守其雌，曰德畜之，曰不窥牖见天道。

在灵，在气，在生，在心，在名，在无，在有，在本原，在物，在用，在德。在者十一，其实一也。一者，神也。守神无身，则逍遥游焉。《庄子》第一篇逍遥游，《老子》演义也。

三

《老子》第二章："功成而弗居。"第三章："不尚贤，使民不争。不见可欲，使民心不乱。为无为，则无不治。"第七十七章："圣人为而不恃，功成而不处，其不欲见贤。"

贤者，功名也。无为，无功名也。《老子》注者谓无为"消极、局限、不尽责"。孔子曰："人能弘道，非道弘人。"（《论语》）德大道大，德小道小，无德不知无为，盖其注非弘道，弘俗焉。

不欲现贤，功成不处，为而不恃，不现可欲，不尚贤，功成不居。六不者，无功名也。使民心不乱，使民不争也。为，为政也。无为，无功名也。故曰为无为，则无不治。夫道生养万物无功名，万物沐其泽而弗知，是以为政则之，为无为是也。

《论语》子曰："禹，吾无间然矣。菲饮食，恶衣服，卑宫室，而尽力乎沟洫。"又曰："无为而治者，其舜也与!"又曰："舜禹之有天下也，而不与焉。"又曰："为政以德。"禹衣食住行与民同，是有天下而不与，是无功名，是为政以德，是无为。故孔子无间然也。潜台词不言而喻。古今注者未读懂"无间然"三字，未读懂"为政以德。"是无为。

《论语》子曰："其身正，不令而行。"无为之治也。禹沟洫流汗水，上行下效，不令而行也；"其身不正，虽令不从。"有为之治也。季氏八佾舞于庭，而患盗焉。礼者，分也。夫人守分，贪心不生，则合道也。故孔子斥责季氏也。孔子行道唯礼是从是也。

四

故夫知效一官，行比一乡、德合一君而征一国者，其自视也，亦若此矣。而宋荣子犹然笑之。且举世而誉之而不加劝，举世非之而不加沮，定乎内外之分，辩乎荣辱之境，斯已矣。彼其于世，未数数然也。虽然，犹有未树也。夫列子御风而行，泠然善也，旬有五日而后反。彼于致福者，未数数然也。此虽免乎行，犹有所待者也。若夫乘天地之正，而御六气之辩，以游无穷者，彼且恶乎待哉？故曰：至人无己，神人无功，圣人无名。（《庄子·逍遥游》）

补注：圣人无名者，不享功名也。不享功名，“处上而民不重，处前而民不害”（《老子》）。“禹，菲饮食恶衣服卑宫室而尽力乎沟洫”（《论语》）。吾丧我（《齐物论》），“有天下而不与”（《论语》）。故曰：至人无己，神人无功，圣人无名。纵观历史，有享天下者，必有夺天下者，战争不息焉。《老子》：“大道废，有仁义。”美女成群，金玉满堂，山珍海味，享功名，享天下也。享功名，享天下也，大道废也。舜禹不享功名不享天下，有天下而不与。衣食住行与民同焉，是以民不重不害不夺焉。

圣人，治天下者也。尧舜禹是也。三圣有天下而不与，不享功名，无为也。享功名，有为也。夫道不言生养万物，无为也。为政有为，大道废也。

天之苍苍者，生死云化也。云隐无死，云现无生。现隐者，气也。夫气，一也，道也。盖人之死生亦如云之隐现焉。夫人知生死云化，则逍遥游焉。

五

天下莫大于秋毫之末，而太山为小；莫寿于殇子，而彭祖为夭。天地与我并生，而万物与我为一。（《庄子·齐物论》）

补注：秋毫之末，无形也，无也，道也。《老子》第三十四章：“衣养万物而不为主，可名于小。”第五十二章："见小曰明。"《老子》第四十章："有生于无。"秋毫之末是生天地万物之无，泰山为小，不言而喻。殇子，气散离形归根，故曰寿。《老子》第十六章："夫物芸芸，各复归其根。"根，道也，气也，无生无灭。故八百岁为夭也。一者：根也，无也，道也，气也。有生于无，故曰天地与我并生，万物与我为一。

六

庖丁为文惠君解牛，手之所触，肩之所倚，足之所履，膝之所踦，砉然响然，奏刀騞然，莫不中音，合于桑林之舞，乃中经首之会。文惠君曰："嘻，善哉！技盖至此乎！"庖丁释刀对曰："臣之所好者道也，进乎技矣。始臣之解牛之时，所见无非全牛者，三年之后，未尝见全牛也。方今之时，臣以神遇而不以目视，官知止而神欲行。依乎天理，批大郤，导大窾，因其固然，技经肯綮之未尝，而况大軱乎？良庖岁更刀，割也；族庖月更刀，折也；今臣之刀十九年矣，所解数千牛矣，而刀刃若新发于硎。彼节者有间，而刀刃者无厚，以无厚入有间，恢恢乎其于游刃必有余地矣。是以十九年而刀刃若新发于硎。虽然，每至于族，吾见其难为，怵然为戒，视为止，行为迟，动刀甚微。謋然已解，如土委地，提刀而立，为之四顾，为之踌躇满志，善刀而藏之。”文惠君曰：“善哉！吾闻庖丁之言，得养生焉。”（《庄子·养生主》）

补注：《老子》第二十八章：“知其雄，守其雌。”第五十二章：“守柔曰强。”庖丁解牛之刀，刀刃可谓雄矣！然守其雌，十九年不与骨碰，刀刃如新发于硎，可谓强矣！非守柔无以强焉。守雌守柔，乃养生之道焉。

七

颜回曰：“吾无以进矣，敢问其方？”仲尼曰：“斋，吾将语若！有心而为之，其易邪？易之者，皞天不宜。”

颜回曰："回之家贫，唯不饮酒不茹荤者数月矣。如此，则可以为斋乎？"曰："是祭祀之斋，非心斋也！"回曰："敢问心斋？"仲尼曰："若一志，无听之以耳而听之以心，无听之以心而听之以气。听止于耳，心止于符。气也者，虚而待物者也。唯道集虚。虚者，心斋也。"（《庄子·人世间》）

补注：《老子》第四章："道冲而用之，或不盈，湛兮似或存。"冲，盅也。器中虚也。或不盈：无六根也。湛，无也。无身则存道焉。《老子》第十一章："有之以为利，无之以为用。"有，身也。无，道也，无所住心也。释老庄孔四圣之言不存乎心，俗智不存乎心，无知亦无得，夫如是，无之以为用也。无之以为用，心斋也。

《老子》第十章："载营魄抱一，能无离乎？专气致柔，能婴儿乎？"营，魂也。一，气也。虚者，抱一也。专气致柔者，心斋也。离一切诸相者，虚而待物也。

丧家狗，不嗔；陈绝粮，不忧；桓魋害，不较；

匡兵围，弦歌。此四者，孔子听之以气也。

《老子》四十七章："不出户，知天下；不窥牖，见天道。"《老子》第五十六章："不可得而亲，不可得而疏；不可得而利，不可得而害；不可得而贵，不可得而贱。"夫如是，听之以气也。

谤我不怒，赞我不喜。听之以气，有道无已。

八

天根游于殷阳，至蓼水之上，适遭无名人而问焉，曰："请问为天下。"无名人曰："去，汝鄙人也，何问之不豫也！予方将与造物者为人，厌则又乘夫莽眇之鸟，以出六极之外，而游无何有之乡，以处圹埌之野，汝又何帛以治天下感予之心为？"又复问，无名人曰："汝游心于淡，合气于漠，顺物自然而无容私焉，而天下治矣。"（《庄子·应帝王》）

补注：《老子》第二章："功成而弗居。"第三章："不尚贤，不见可欲。为无为，则无不治。"第十三章：

“及吾无身，吾有何患?”第三十二章：“道常无名。”第三十四章：“功成而不有。”第三十七章：“不欲以静，天下将自定。”第四十一章：“道隐无名。”第四十五章：“清静为天下正。”第七十七章：“功成而不处，其不欲见贤。”

游合顺三者，为政无私不享功名也。《老子》凡九章言无为之治，无功名也。《论语》子曰：“为政以德。”“有天下而不与。”是也。夫道生养万物无功名，为政则之以行人事，乃三圣之教焉。历代悖无为之治，为政者享功名，贪富贵，战争不息，有乱无治也。历代注者不知无为二字，不知为政以德是无为。

功成而不处者，游心于淡也；及吾无身，吾有何患者，合气于漠也；不欲以静，天下将自定者，顺物自然也。顺物自然者，为无为，则无不治也。无金碧辉煌之宫殿，无七十二妃之性玩，无金玉满堂之私有，夫如是，不享功名，为政以德，无为之治也，有天下而不与也。

尊孔黜老，汉有董仲舒，唐有韩愈，此二人，盖未读懂《论语》也。刘基曰："金玉其外，败絮其中。"是也。

九

大人之教，若形之于影，声之于响。有问而应之，尽其所怀，为天下配。处乎无响，行乎无方，挈汝适复之，挠挠以游无端，出乎无旁。与日无始。颂论形躯，合乎大同，大同而无己。无己，恶乎得有有？睹有者，昔之君子；睹无者，天地之友。（《庄子·在宥》）

补注：无四相，睹无者也；湛兮似或存，睹无者也；无知也，睹无者也；吾丧我，睹无者也；众生、笔者与释老庄孔四圣为一，睹无者也。佛云："生命呼吸之间。"《庄子》："通天下一气耳。"六祖惠能云："性在身心存，性去身心坏。佛向性中作，莫向身外求。"《老子》："道生一。""载营魄抱一。""万物得一以生。""夫物芸芸，各复归其根。"根者，一也；性也；气也；呼吸之间也；无也。无四圣，无众生，无笔者，睹无者也。

十

夔怜蚿，蚿怜蛇，蛇怜风，风怜目，目怜心。夔谓蚿曰："吾以一足跉踔而行，予无如矣。今子之使万足，独奈何？"蚿曰："不然。子不见夫唾者乎？喷则大者如珠，小者如雾，杂而下者不可胜数也。今予动吾天机，而不知其所以然。"蚿谓蛇曰："吾以众足行，而不及子之无足，何也？"蛇曰："夫天机之所动，何可易邪？吾安用足哉！"蛇谓风曰："予动吾脊胁而行，则有似也。今子蓬蓬然起于北海，蓬蓬然入于南海，而似无有，何也？"风曰："然。予蓬蓬然起于北海而入于南海也，然而指我则胜我，鰌我亦胜我。虽然，夫折大木，蜚大屋者，唯我能也。"故以众小不胜为大胜也。为大胜者，唯圣人能之。(《庄子·秋水》)

补注：夔、蚿、蛇、目、心五者，寓色、受、想、行、识五蕴。风者，圣人之寓。折木飞屋者，无四相也。众小不胜者，两面三刀，落井下石，吹牛拍马，弄虚作假。为大胜者，学以成德也。

十一

于是泰清问乎无穷，曰：“子知道乎?”无穷曰：“吾不知。”又问乎无为。无为曰：“吾知道。”曰：“子之知道，亦有数乎?”曰：“有。”曰：“其数若何?”无为曰：“吾知道之可以贵，可以贱，可以约，可以散，此吾所以知道之数也。”泰清以之言也问乎无始，曰：“若是，则无穷之弗知与无为之知，孰是而孰非乎?”无始曰：“不知深矣，知之浅矣；弗知内矣，知之外矣。”于是泰清卬而叹曰：“弗知乃知乎！知乃不知乎！孰知不知之知?”无始曰：“道不可闻，闻而非也；道不可见，见而非也；道不可言，言而非也。知形形之不形乎？道不当名。”无始曰：“有问道而应之者，不知道也。虽问道者，亦未闻道。道无问，问无应。无问问之，是问穷也；无应应之，是无内也。

以无内待问穷，若是者，外不观乎宇宙，内不知乎大初，是以不过乎昆仑，不游乎太虚。”（《庄子·知北游》）

补注：吾与儒老为一。一者，言而非也。《老子》：“有生于无。”一者，无也。有，万物也。有知者认有为真，无知者认无为真。有知，有身也。无知，无身也。无身，学以成德也。德者，一也。夫一不可言何？《老子》：“道可道，非常道。”是也。

十二

任公子为大钩巨缁，五十犗以为饵，蹲乎会稽，投竿东海，旦旦而钓，期年不得鱼。已而大鱼食之，牵巨钩，錎没而下，骛扬而奋鬐，白波若山，海水震荡，声侔鬼神，惮赫千里。任公子得若鱼，离而腊之，自制河以东，苍梧已北，莫不厌若鱼者。

已而后世辁才讽说之徒，皆惊而相告也。夫揭竿累，趣灌渎，守鲵鲋，其于得大鱼难矣！饰小说以干

县令，其于大达亦远矣！是以未尝闻任氏之风俗，其不可与经于世亦远矣。（《庄子·外物》）

补注：任公子，寓庄子也。五，色受想行识五蕴之寓也。十，数之极也。极则反，归根之寓。五蕴皆空，无身得道焉。故曰任公子得若鱼。鱼，道之寓也。《老子》第二十章："我独异于人，而贵食母。"餍若鱼是也。母，道也。莫不餍若鱼者，寓《庄子》行天下也。讽说小说得大鱼难矣数句：夫有六根之欲，认五蕴为真，则终身不明道耳。《老子》第五十二章："开其兑，济其事，终身不救。"是也。任氏之风俗者，无身有道焉。盖如任氏者，则可治天下也。孔子曰："为政以德。"是也。

附录

读《楚辞补注》小记

上古伏羲不用茹毛，不杀生也。纵观历史，江山易主，皆杀之报耳。《老子》第七十四章：“民不畏死，奈何以死惧之。”《大智度论》云：“诸余罪中，杀业最重。”《论语·颜渊》：“季康子问政于孔子曰：‘如杀无道，以就有道，何如？’孔子对曰：‘子为政，焉用杀？子欲善而民善矣。’”“善胜敌者，不与。”（《老子》第六十八章）不与，不杀敌，不交战也。然自纣至周，夫君杀臣，如母唬子，真假异也。“弗参验以考实兮，远迁臣而弗思。宁溘死而流亡兮，恐祸殃之有再。”（《惜往日》）遂自沉汨罗矣。

“遭谗人而嫉之。”（《惜往日》）《史记》云：“怀王使屈原造为宪令，属草稿未定。上官大夫见而欲夺之，屈平不与，因谗之曰：‘王使屈平为令，众莫不知。每一令出，平伐其功，曰：非我莫能为也。王怒而疏屈平。'" "不毕辞而赴渊兮，惜壅君之不识。"（《惜往日》）宠佞必戮忠，屈平自沉，可谓智矣，仁矣。仁者爱人，屈平杀身以成仁。屈平爱怀王，沉身可证焉。怀王无杀平之恶，乃平之大德也。夫览者谓其沉身非智者所行，是浅见也。

《历代辞赋鉴赏辞典》："《离骚》题名的含义，古今学者解释不同。司马迁说：'离骚者，犹离忧也。'（《史记·屈原贾生列传》）班固说：'离，犹遭也。骚，忧也。明己遭忧作辞也。'（《〈离骚〉赞序》）王逸说：'离，别也。骚，愁也。'（《楚辞章句》）这类解释，是把离和骚当作两个单词来处理的。现代学者游国恩先生认为'离骚'是一个连绵词，不应该拆开来解释。以为《离骚》可能本是楚国一种歌曲的名称，其意义则与'牢骚'二字相同。（见游国恩《楚辞论文集》）"

愚谓：离，被谗放逐而离别怀王也。骚，"窃赋诗之所明"（《悲回风》）。言赋诗明己忠君遭嫉，被谗放逐而思君忧国也。

《离骚》读后息注念，续貂盗名是欺世。《楚辞补注》览后记。

赝品论

董仲舒《春秋繁露·保位权第二十》："民无所好，君无以权也；民无所恶，君无以畏也；无以权，无以畏，则君无以禁制也；无以禁制，则比肩齐势，而无以为贵矣。故圣人之治国也，因天地之性情，孔窍之所利，以立尊卑之制，以等贵贱之差。设官府爵禄，利五味，盛五色，调五声，以诱其耳目；自令清浊昭然殊体，荣辱踔然相驳，以感动其心。务致民令有所好，有所好，然后可得而劝也，故设赏以劝之；有所好，必有所恶，有所恶，然后可得而畏也，故设罚以畏之。既有所劝，又有所畏，然后可得而制。……国之所以为国者，德也；君之所以为君者，威也。故德不可共，威不可分。德共则失恩，威分则失权。失权则君贱，失恩则民散。民散则国乱，君贱则臣叛。”

《论语》子曰：“为政以德。”季康子患盗，问于孔子，孔子对曰：“苟子之不欲，虽赏之不窃。”又曰：“其身正，不令而行；其身不正，虽令不从。”又曰：“天何言哉？四时行焉，百物生焉，天何言哉？”又曰：“唯天为大，唯尧则之。”又曰：“巍巍乎！舜禹之有天下也，而不与焉。”又曰：“禹，吾无间然矣。菲饮食，恶衣服，卑宫室，而尽力乎沟洫。”又曰：“《韶》尽美矣，又尽善也。《武》尽美矣，未尽善也。”又曰：“管仲之器小哉！”又曰：“贤哉！回也。一箪食，一瓢饮，在陋巷，人不堪其忧，回也不改其乐，贤哉！回也。”又曰：“饭疏食，饮水，曲肱而枕之，乐亦在其中矣！”又曰：“吾有知乎哉？无知也。”又曰：“君子谋道不谋食，君子忧道不忧贫。”

学以成德，君子也。枕肱亦乐，无身乐道焉。唯道是从，终身行道，发愤忘食，忧道不行，无身之君子，故不忧贫也。学未成德，为政有私，有身故耳。有私心，则享荣尊富贵，上行下效，则民盗焉。《老子》："法令滋彰，盗贼多有。"何也？其身不正，虽令不从。《武》未尽善何？有兵戈之声也。《老子》："生而不有，是谓玄德。"夫道生养万物不为已有，万物沐泽而不知，是有德不言德，故谓玄德。舜禹有天下而不享功名，衣食住行与民同，民不知其德而沐其德，是谓玄德也。故孔子称其天德巍巍乎！禹无欲，孔子无间然。颜子无欲，孔子美其贤。管仲多欲，孔子斥其小器！大器何？尧则天，不享功名富贵，是大器也。《老子》："功成而弗居。"不居功名，无功名也。无为，无功名也。无功名，是有天下而不与焉。《论语》从头到尾斥责有欲，赞美无欲。为政以德，无为也。董仲舒欲诱制民，有为也。言尊孔。行悖孔。夫德，人皆有，学以成德则知之。释："唯我独尊。"老："知我者希，则我贵矣。"庄："吾丧我。"孔："吾有知乎哉？无知也。"释老庄孔四圣知德，生而知之者也。笔者知德，学而知之者也。董仲舒不知德，学未成德耳。德不可共，五色音味以诱民耳目，是不知德之证。孔子曰："君子求诸己。"求诸己，为政以德，有天下而不与焉。《老子》："处上而民不重，处前而民不害。"禹王沟洫流汗水，民不重亦不害。为政以德，上行下效，天下安矣。五色音味诱耳目，上行下效，天下乱矣。《春秋繁露》杂学也，非孔子之道焉。荣辱贵贱感其心，董有欲之政焉。衣食住行与民同，孔无欲之政焉。孔子，玉也。董仲舒，赝品也。自汉至今，口言孔子之德，世行赝品之政，天下有乱无治，不亦悲夫！

《老子》："民之难治，以其智多。故以智治国，国之贼；不以智治国，国之福。"为政以德，不以智治国是也。欲诱制民，以智治国是也。非学佛老，无以知孔子；不学孔子，不能知仲舒。言尊行悖，赝品乱真。

长江小孤山赋

江南群山兮，秤头物重。江北平原兮，秤杆横空。江心秤砣兮，压住秤杆。地不翻覆兮，孤山之功。

天地万物得气兮则生，人类互恩有私兮则争。天地无私兮成其天地，夫人有私祸福兮相生。功过是非兮观其舍取，功是利众兮过非肥己。无私兮成私万物一气，人之生死兮气之散聚。真我无生兮死者非我，认假是真兮畏死贪生。畏死贪生兮损人利己，损人利己兮天下战争。孤山舍己，天下平安。

云雀赋

余闲步山麓，见一云雀，鸣声悦耳，高飞入云，不见其形。一声长鸣，刹那坠地，离地约尺，张开双翼，轻轻落下。如是者三，余观表演，故作此。

人有老师，云雀生知。地面起飞，边鸣边飞，笔直上升，渐渐入云，一声长鸣，不见其形，收翼天降，近地一刹，张翼落下。

高台跳水，与之相比弗如。雀技高超，媲美高空跳伞。师教学生，唯恐学人不笃。笃者傲物，不知众生同母。云雀无师，表演真是惊险。双翼忘张，摔残摔死难免。离地约尺，观者惊心动魄。触地翼收，只有须臾沉默。

道生万物，万物即道。道有神灵，万物亦灵。万物形异，不知有私。人为高等，是谓分别。分别是识，无分是智。无私私存，云雀自娱其身。有私私无，人类刀枪相争。

读《兰亭集序》小记

千古第一书，真迹入冥府。唐代名家摹，神龙兰亭酷。东晋书法家王羲之学道，其序主说死生。

山水美景，文人雅集，一觞一咏，何以生悲？不明道故耳。贪生哀命短，畏死羡天长。《兰亭集》咸是见景生悲之音，人生难长之词。是以右军撰序贬之，然其贬不露，劝人学道之旨豁然纸上。

千种思虑，万种放不下。此，人临终之情也。夫学道，则无临终之痛也。无生无死，何痛之有？其序尽是道家之言，然不见一“道”字，亦是右军学道有成之征。

俗人“固知一死生为虚诞，齐彭殇为妄作”。则有“修短随化”之悲、“临文嗟悼，不能喻之于怀”之痛、“后之视今，亦犹今之视昔”之叹。

右军鸣钟凡四：“不知老之将至”一也；“死生亦大矣”二也；“岂不痛哉”三也；“悲夫”四也。古今注家咸以俗解，盖不学道，则不闻右军四次钟声也（《兰亭集》内骚人亦然）。右军学道否道？否已？世无此人，亦无此理。“后之览者，亦将有感于斯文”者，知时无钟子期也。

笔势旋上，鲲鹏腾飞。字有形影，妙在虚实。一笔中有虚实，动静有神。一字中有动静，容貌生辉。骨坚肉结血流，千赏无陈；精足气满神逸，万览有新。夫人以刚立命，以柔养性。每字牵丝映带，取其义也。貌尊神肃，脸无骄横之气；英俊可爱，面有谦和之色。其字如是，其人可知。为官不贪，时人称焉。

大同赋

《孔子家语·礼运第三十二》："孔子曰：'昔大道之行，与三代之英，吾未之逮，而有记焉。大道之行，天下为公。选贤与能，讲信修睦。故人不独亲其亲，不独子其子。老有所终，壮有所用，矜寡孤疾皆有所养。货恶其弃于地，不必藏于己。力恶其不出于身，不必为人。是以奸谋闭而弗兴，盗窃乱贼不作。故外户而不闭，谓之大同。'"

昔大道之行与夏商周三代，吾未赶上，然有文字可见焉。夫天下之物归天下人公用，没有穷富贵贱之分。贤能以德化天下，信爱不争，和睦共处。人亲人子视如己亲己子，鳏寡孤疾老皆有所养。人皆尽其力，不为自己谋利。是以奸谋无用，无盗无犯上之行。门不上锁，盖大同社会如此也。赋曰：

天下大同兮，吃饱不拿。人尽其力兮，无争无杀。

奸谋弗兴兮，盗乱不作。爱人人爱兮，不说人过。厌恶浪费兮，自家不藏。天下无贪兮，劳而不忙。鳏寡孤疾兮，皆有所养。门不上锁兮，人言不妄。贤能多劳兮，不要功名。天下为公兮，大道之行。

以其无私兮，能成其私。能成其私兮，谓之大同。谓之大同兮，无贪嗔痴。

陶渊明赋

无欲则刚，不愿折腰。怡颜寄傲，舒啸登皋。乐天知命，富贵非愿。清流赋诗，唯官是厌。

欧阳修赋

人贤于己，无妒有喜。欧公大德，心存天理。文坛领袖，褒贬成败。仁者好恶，时人拥戴。

苏东坡赋

身正好德，得罪甚多。文以载道，为政风波。诗文书画，咸称大家。慈悲心肠，损己利他。

跋

岳子不惑至从心，昼夜往来于老孔二家蒙受教诲而得无焉。知无非无，而生有也；知有非有，而归无也。

夫治国，治人也。治人，治心也。道治心，儒治心，二教一也。一者，治国也。夫道不可言，可言下悟道。夫人不悟道，则无以治心。无以治心，则无以治国。是以二教言道以治心也。岳子读古今注书，未见读懂《论语》者，盖注者未悟道耳。未悟道则不知孔子。不知孔子，则不知二教为一也。是以两千余载历代尊孔，然行悖孔。享功名富贵，有享有夺，战争不息，祸根功名，盖二教至岳子得传焉。

老孔二圣是生而知之者，岳子是学而知之者。知其十分之一，人类只需一。一者，斗升之水也，涸辙之鲋活命之水也。述一不作，故为之跋。

2019 年孟夏岳庭胜

书于宿松之食母斋